BEI GRIN MACHT SICH IHR WISSEN BEZAHLT

AF139716

- Wir veröffentlichen Ihre Hausarbeit,
  Bachelor- und Masterarbeit

- Ihr eigenes eBook und Buch -
  weltweit in allen wichtigen Shops

- Verdienen Sie an jedem Verkauf

Jetzt bei www.GRIN.com hochladen und kostenlos publizieren

Bibliografische Information der Deutschen Nationalbibliothek:

Die Deutsche Bibliothek verzeichnet diese Publikation in der Deutschen National-
bibliografie; detaillierte bibliografische Daten sind im Internet über http://dnb.d-
nb.de/ abrufbar.

Impressum:

Copyright © 2006 GRIN Verlag
Druck und Bindung: Books on Demand GmbH, Norderstedt Germany
ISBN: 9783668739413

Dieses Buch bei GRIN:

https://www.grin.com/document/189293

Julia Diedrich

Rolf Schwendters "Theorie der Subkultur". Eine kritische Auseinandersetzung

GRIN Verlag

GRIN - Your knowledge has value

Der GRIN Verlag publiziert seit 1998 wissenschaftliche Arbeiten von Studenten, Hochschullehrern und anderen Akademikern als eBook und gedrucktes Buch. Die Verlagswebsite www.grin.com ist die ideale Plattform zur Veröffentlichung von Hausarbeiten, Abschlussarbeiten, wissenschaftlichen Aufsätzen, Dissertationen und Fachbüchern.

Besuchen Sie uns im Internet:

http://www.grin.com/

http://www.facebook.com/grincom

http://www.twitter.com/grin_com

Ernst – Moritz – Arndt – Universität Greifswald

Institut für Erziehungswissenschaft

Lehrstuhl für Schulpädagogik und schulbezogene Bereiche der Sozialpädagogik

DaSein – Jugendliche Lebenswelt und lebensweltliche Jugendliche

WS 2005/ 2006

„Rolf Schwendter – Theorie der Subkultur"

von:

Julia Diedrich

Englisch / Deutsch Lehramt

3. Semester

Inhaltsverzeichnis:

1. Einleitung

Die folgende Referatsverschriftlichung wurde angefertigt für das Seminar „DaSein- Jugendliche Lebenswelt und lebensweltliche Jugendliche" mit André Richter. Es behandelt Rolf Schwendter und sein Werk „Theorie der Subkultur", geschrieben 1970 und erstmals erschienen 1973[1]. Als Grundlage benutzten wir die vierte Auflage mit einem neuen Nachwort, erschienen 1993 in der Europäischen Verlagsanstalt[2].

Unsere Aufgabenstellungen lauteten wie folgt:

- Geben Sie einen Überblick über die wesentlichsten Aussagen (Kernthesen, Kernbegriffe) des Theorieentwurfes.

- Welche Merkmale sind für die Jugendentwicklung innerhalb des Ansatzes maßgeblich?

- In welcher Form ist von jugendlicher/jugendkultureller Autonomie die Rede?

- Welchen Beitrag spielen primäre und sekundäre Sozialisationsinstanzen (Familie, Schule, peers) innerhalb des Theorieentwurfes?

- Problematisieren Sie die Grundannahmen des Entwurfes für die gegenwärtige Auseinandersetzung von Bildung und Erziehung.[3]

Wir werden nun auf diese Aufgabenstellungen eingehen und darüber hinaus für uns wichtige Informationen darlegen und kommentieren.

Den Ablauf des mündlichen Referates werden wir im Groben beibehalten und unsere Themen mit anderen ergänzen:

Zunächst beginnen wir mit einer kurzen Biografie des Autors Rolf Schwendter und eine Definition von „Subkultur" aus seiner Sicht. Dann geben wir einen Überblick über die Bestandteile der Gesellschaftspyramide und die Geschichte der Subkulturen. Im Weiteren erklären wir den Begriff der *Norm* am Beispiel der Hell's Angels und nennen Beispiele der heutigen Subkulturen.

Daraufhin erfolgt ein Diskurs über die Ansichten Schwendters bezüglich *Jugend* und eine Zusammenfassung der Referatsverschriftlichung.

J. N. und Julia Diedrich

---

[1]   Schwendter, Rolf: Theorie der Subkultur. 4.Auflage mit einem Nachwort. Hamburg: Europäische Verlagsanstalt, 1993 (eva-Taschenbuch; Bd. 210; ISBN 3-434-46210-4) - Seite 4

[2]   Schwendter, Rolf: Theorie der Subkultur. 4.Auflage mit einem Nachwort. Hamburg: Europäische Verlagsanstalt, 1993 (eva-Taschenbuch; Bd. 210; ISBN 3-434-46210-4)

[3]   Richter, André: DaSein- Jugendliche Lebenswelt und lebensweltliche Jugendliche auf http://wulv.uni-greifswald.de/2005_ar_DaSein/?n=3_0

2. Hauptteil

2.1. Über Rolf Schwendter[1]

Rolf Schwendter wurde am 13. August 1939 in Wien geboren.

Er studierte Rechtswissenschaft, Staatswissenschaft und Philosophie, und promovierte in allen drei Fächern.

Von 1959 bis 1967 war er Koordinator der Informellen Gruppe zu Wissenschaft und Kunst und von 1968 bis '71 freischaffender Liedermacher.

Die erste Auflage seiner „Theorie der Subkultur" erschien 1973.

Ab 1975 war er Hochschullehrer für Subkulturforschung an der Gesamtschule in Kassel und von 1989 bis '91 Präsident der Grazer Autorenversammlung.

In den vergangenen Jahren machte Schwendter sich als Literat, Schauspieler und Koch einen Namen.

Sein „Erstes Wiener Lesetheater" gehört mittlerweile zum festen Bestandteil der Alternativkultur in Österreich.

Er schrieb einige wissenschaftliche Werke, als Beispiele sind zu nennen:

- „Drogenabhängigkeit und Drogenkultur", 1992
- „Arme essen - Reiche speisen : neuere Sozialgeschichte der zentraleuropäischen Gastronomie", 1995
- „Tag für Tag : eine Kultur- und Sittengeschichte des Alltags", 1996
- „Einführung in die Soziale Therapie", 2000

Julia Diedrich

2.2. Definition <i>Subkultur</i>

Um den Begriff zu definieren, führt Rolf Schwendter zunächst eine Definition von <i>Kultur</i> an: „Kultur ist die Summe aller Institutionen, Bräuche, Werkzeuge, Normen, Wertordnungssysteme, Präferenzen, Bedürfnisse usw. in einer konkreten Gesellschaft." und fährt fort: „Kultur als Resultat des Sozialisationsprozesses."[2]

Um mögliche aufkommende Missverständnisse zu umgehen, definiert er Subkultur wie folgt:

„Subkultur [ist] ein Teil einer konkreten Gesellschaft, die sich in seinen Institutionen, Bräuche, Werkzeuge, Normen, Wertordnungssysteme, Präferenzen, Bedürfnisse usw. in einem wesentlichen Ausmaß von den herrschenden Institutionen etc. der jeweiligen Gesellschaft unterscheiden."[3]

Subkultur ist also ein allgemeiner Begriff.

Julia Diedrich

---

1 Quellen siehe 5. Literaturverzeichnis
2 Schwendter, Rolf: Theorie der Subkultur (Seite 10)
3 Schwendter, Rolf: Theorie der Subkultur (Seite 11)

2.3. Die Gesellschaftspyramide

Es wurden viele Subkulturtheorien aufgestellt und auch veröffentlicht.

Rolf Schwendter schrieb seine „Theorie der Subkultur", in der er ,unter anderem, Subkulturen nach Typen einteilte und eine Gesellschaftspyramide in Anlehnung an ein Schichtenmodell von Kingsley Davis (Abb.1), US-amerikanischer Soziologe und Demograph (1908-1997)[1], entwickelte.

An der Spitze der sozialen Hierarchie steht nach Schwendter das *Establishment*, unter das er, wie er im Buch schreibt, die großen und mittleren Kapitaleigentümer, einschließlich jener Teile des Kleinbürgertums, die fest hinter diesen stehen, subsumiert, sowie die politischen und apolitischen Eliten eines Landes, die höheren Angestellten und Beamten im Staatsapparat, in den Konzernen, im Militärapparat, in den Medien etc., die leitenden Funktionäre der Verbände, und anderen Lobbies und die verselbständigten Arbeiteraristokratien.[2]

Personen, die im Widerspruch zu dem Establishment stehen und ihm somit nicht angehören, schreibt Schwendter weiter, zählen zur *kompakten Majorität*. Unter diesem Begriff subsumiert er folgendes: das Proletariat (Arbeiter, Angestellte und durchschnittliche Beamte) plus das Lumpenproletariat (unterste Schicht, z.B. Bettler, Obdachlose, Prostituierte u.a.m.), sowie jene Teile des Kleinbürgertums, deren Proletarisierung weit fortgeschritten ist.[3] (Abb.2)

Aber diese Gesellschaft ist noch nicht vollkommen; es entstehen Subkulturen an den Rändern dieser Gesellschaftspyramide. (Abb.3)

Schwendter unterscheidet *progressive* und *regressive Subkulturen*. Indem er inhaltliche Kriterien für diese Subkulturen heraus arbeitet, weitere Unterscheidungen, wie *emotionelle/ rationalistische* und *freiwillige/ unfreiwillige Subkulturen*, einführt, und dann dieses Modell durch einen kurzen geschichtlichen Abriss der Subkulturen, in der er allen abweichenden Bewegungen einen Platz im Rahmen seiner Systematik zuweist, auffüllt, verfeinert er seine Typologie.

Bleibt nun die Frage zu klären, welche Inhalte Schwendter seinen Subkulturen zuteilt. *Progressive Subkulturen* wollen, so schreibt er, den gegenwärtigen Stand der Gesellschaft aufheben, weitertreiben und grundsätzlich einen neuen Stand erarbeiten. Sie wollen den Fortschritt, die menschliche Lage verbessern und somit das Leben lebenswert machen. Weiterhin wollen sie Selbstbestimmung anstelle der Fremdbestimmung durch interessengelenkte Apparate, individuelle Freiheit und

---

1   http://www.kfunigraz.ac.at/sozwww/agsoe/lexikon/klassiker/davis/10bio.html
2   Schwendter, Rolf: Theorie der Subkultur (Seite 35)
3   Schwendter, Rolf: Theorie der Subkultur (Seite 35)

individuelles Bewusstsein. Sie äußern ihre Feindseligkeit direkt gegen das Establishment und entstammen meist dem Proletariat.[4]

Unter progressiven Subkulturen gibt es zwei Trends: das *rationalistische* und das *emotionelle* Syndrom von Subkulturen.

Rationalisten , schreibt Rolf, legen Wert auf Selbstbestimmung, Analysen, Praxis zur kompakten Majorität und zu den freiwilligen Subkulturen hin. Sie bestehen vor allem aus politischen Arbeitern und Intellektuellen. Beispiele für diese Subkultur sind: politische Subkulturen, Studenten- und Intellektuellengruppen, politisierte ethnische Minderheiten und Randgruppenarbeiter.[5]

Emotionale Subkulturen legen Wert auf individuelle Freiheit, Entwicklung des individuellen Bewusstseins und allgemeine bis kosmologische Zukunftsforschung, teilt Schwendter uns mit. Hierfür sind als Beispiele zu nennen: Gammler, Hippies, Beatniks, Provos, Boheme und esoterische Gruppen.[6]

Es gibt aber noch zwei weitere große Trends unter den Progressiven: die *freiwilligen* Subkulturen, die bewusst von Kultur, Normen und Werten der Gesamtgesellschaft abweichen, und die *unfreiwilligen*, die zumeist vollständig unbewusst kulturell signifikant von der Kultur abweichen. Für letztere nennt Rolf Schwendter uns Heimzöglinge, Obdachlose, Kriminelle, Insassen von Nervenanstalten/ Altersheimen und Kranke als Beispiele.[7]

Auf der anderen Seite der Pyramide von R. Schwendter befinden sich die *regressiven Subkulturen*. Sie dienen dazu, schreibt er, den vergangenen Stand der Gesellschaft, Normen, die nicht mehr oder nicht in dieser Weise, in der gegenwärtigen Gesellschaft wirksam sind, wieder herzustellen. Sie übertragen ihre Feindseligkeit nicht auf das Establishment, sondern auf Ersatzobjekte, und entstammen dem Kleinbürgertum und dem Lumpenproletariat. Beispiele für diese Subkulturen sind: Hell´s Angels, Pilgrims, Charles- Mansons- Kommune, kriminelle und monarchistische Subkulturen, Bandenkulturen und organisatorische Subkulturen des Rechtsradikalismus.[8] (Abb.4)

Julia Diedrich

---

4 Schwendter, Rolf: Theorie der Subkultur (Seite 37 und folgende)
5 Schwendter, Rolf: Theorie der Subkultur (Seite 40-48)
6 Schwendter, Rolf: Theorie der Subkultur (Seite 40)
7 Schwendter, Rolf: Theorie der Subkultur (Seite 40-42)
8 Schwendter, Rolf: Theorie der Subkultur (Seite 37 und folgende)

2.4. Die subkulturelle Historie nach Rolf Schwendter

Rolf Schwendter gibt in seinem Werk "Theorie der Subkultur" einen Überblick über die Entwicklung der Gesellschaft mit den dazugehörigen Subkulturen beginnend mit dem 19. Jahrhundert. Diese möchte ich nun im Folgenden wiedergeben:

2.4.1. 1800 bis 1848

In diesem Zeitabschnitt ist Feudalismus mit beginnender Großbourgeoisie vorherrschend. Es gibt Monarchien und konstitutionelle Monarchien (Bürgerkönige).

Zu den regressiven Subkulturen gehören monarchistische Emigranten sowie einige kriminelle Banden. Die kompakte Majorität besteht aus Bauern und Arbeitern. Die progressiven Subkulturen lassen sich in fünf Bewegungen aufteilen: 1. die beginnende Arbeiterbewegung (Ludditen, Chartisten); 2. oppositionelle Bauernbewegungen, Millenarier, Banden, "archaische" Formen der Sozialbewegungen[9], Rituale und Symbole werden bedeutend; 3. Jungdeutsche und Burschenschaften; 4. die utopischen Sozialisten: sie gründeten Salons und Kommunen in Europa und versuchten sich als Herausgeber von etlichen Zeitschriften und Schriften. Salons galten als Übergangsbereiche zwischen Establishment und einigen Subkulturen; 5. die Boheme: diese Subkultur enstand durch die Gegensätzlichkeiten zwischen den Ideen der Französischen Revolution und den Werten des aufstrebenden Bürgertums. Sie setzte sich aus Intellektuellen zusammen, die in Schriftstellerkreisen, in den bildenden Künsten und in der Musik zu finden waren. Ihre Entwicklung begann mit den Präbohemen, die in der Zeit des Sturm und Drang anzusiedeln sind. Sie setzten sich aus Zigeunern, Vaganten und Vagabunden zusammen. In der Zeit der Romantik kann man die Schriftsteller Rosseau, Eichendorff und E.T.A. Hoffmann als Voraussetzungen für die "Weiterentwicklung" der Boheme ansehen. Aspekte wie Natur, Schöpfung und das Vagabundenleben sind für den Großteil der Literaten von Bedeutung, sie kritisieren aber ebenso Staat und Politik. Nach der Romantik entfaltet sich die Boheme vollends. Sie haben das Ziel ihre Primärbedürfnisse zu befriedigen. Sie setzen sich für Gleichheit, für Freimut und Offenheit ein. Jeder Bürger soll in der gleichen sozialen Situation leben können. Sie verabscheuten nicht intellektuelle Arbeiten und Unordentlichkeit[10], sie lehnen die Lebensweisen und Auffassungen der normalen Bürger ab.

2.4.2. 1848 bis 1871

Es entstehen Kapitalakkumulationen in Frankreich, Preußen und den USA. Eine weitere Verschmelzung von Feudalismus und Großbourgeoisie -insbesondere in Frankreich- findet statt. Zu den regressiven Subkulturen gehören zu jener Zeit das Lumpenproletariat und einige kriminelle

---

[9] Schwendter, Rolf: Theorie der Subkultur (Seite 135)
[10] Schwendter, Rolf: Theorie der Subkultur (Seite 137)

Bewegungen.

Zu den Progressiven zählten 1. eine neue Arbeiterbewegung: diese wird aber zum Teil zerrüttet, enfaltet sich aber in der nächsten Phase (1871-1914) komplett aus, da dann eine erste Arbeiternationale entsteht; 2. Zudem entstehen aus verarmten Bauern und Kleinbürgern anarchistische Gruppen. Sozialistische Strömungen flammen auf und reichen ebenfalls bis in den nächsten Zeitabschnitt; 3. Die dritte progressive Subkultur ist die Boheme. Als Übergangsmöglichkeiten zwischen Establishment und manchen Subkulturen dienen ebenfalls die Salons.

2.4.3. 1871 bis 1914

In den meisten industriell entwickelten Ländern ist eine Großbourgeoisie vorherrschend, außerdem keimt Imperialismus auf. Die Großmächte streben nach wirtschaftlicher, politischer und militärischer Vorherrschaft. Es lassen sich konstitutionelle Monarchien finden sowie Machtgruppen aus Adel, Klerus und Industrie. Regressive Subkulturen enstehen durch ein absinkendes Bürgertum in hohen Zahlen neu, darunter ist eine deutsche Jugendbewegung und eine regressive Boheme zu finden. In der kompakten Majorität steigt die Arbeiterklasse stetig weiter an. Die progressiven Subkulturen lassen sich folgendermaßen unterteilen: 1.die Arbeiterbewegung: diese erreicht in diesem Zeitabschnitt ihren Höhepunkt und wird 1914 zum größten Teil intergriert; 2.anarchistische Subkulturen: diese bleiben weiterhin existent; 3.die Boheme: diese entstehen in Großbritannien, Deutschland und Österreich-Ungarn. Bedeutend bis 1890 sind Naturalismus und Sozialismus. Es erfolgt einerseits ein Krach der "Jungen" mit der Sozialdemokratie, als auch die Bürokratisierung der Sozialdemokratie. Eine Integration vieler Bohemiens durch Chauvinismus erfolgt im Laufe des 1. Weltkriegs.

2.4.4. 1918 bis 1933

In diesem Zeitabschnitt entwickelt sich eine Vorherrschaft der USA- Bourgeoisie, es erfolgt außerdem ein Niedergang etlicher Staaten als Resultat des 1.Weltkriegs. Die meisten Monarchien werden um 1918 beseitigt, das Großbürgertum breitet sich weiter stark aus. In Italien flammt der Faschismus auf, auch in Deutschland finden faschistische Gruppierungen mehr und mehr Anhänger. Eine Konsumkrise führt schließlich zur Weltwirtschaftskrise im Jahr 1929. Eine Proletarisierung des Kleinbürgertums erfolgt. Durch die Weltwirtschaftskrise nimmt die Arbeitslosigkeit in der Bevölkerung stark zu und dadurch erleben faschistische Subkulturen (regressiv) einen enormen Zuwachs an Mitgliedern. In der kompakten Majorität bleibt weiterhin die Arbeiterklasse bestehen. Angestellte kommen ebenfalls hinzu. Diese bilden zusammen mit den verarmten Kleinbürgern und -bauern einen Anlaufpunkt für regressive Bewegungen.

Zu den progressiven Subkulturen zählen: 1.die kommunistischen Parteien; 2. die unabhängigen sozialistischen Gruppen (wie z.b. USPD,SAP): diese verlieren sich nach der gescheiterten Revolution im Jahr 1919, kommen jedoch wieder zum Vorschein infolge der Integration der KP; 3.die Boheme, besonders bedeutend ist der zu dieser Zeit stark ausgeprägte Gemeinschaftswille- in der Literatur bestimmt die "Neue Sachlichkeit" die Schriftsteller und ihre Leser.

2.4.5. 1933 bis 1945

Die Weltwirtschaftskrise wird überwunden. Faschismus, New Deal und Stalinismus sind maßgebend in dieser Zeitperiode. Es lassen sich erste Ansätze des heutigen Establishments erkennen und es gibt zunehmend mehr Konzerneigentümer und Manager. An der Spitze des Schichtmodells nach Rolf Schwendter steht die Bourgeoisie und der Machtapparat. Regressive Subkulturen sind kaum vorhanden. Die kompakte Majorität besteht aus der Arbeiterklasse und den Angestellten, letztere bilden mit den Kleinbauern/-bürgern wieder (wie bereits in Phase 4: 1918-1933) eine Basis für faschistisch-regressive Strömungen.

Zu den progressiven Subkulturen gehören: 1.die Emigranten und Spanienkämpfer; 2.die Volksfronten: diese bestanden aus Resten der nichtintegrierten Arbeiterbewegung; 3. die restliche Boheme. Die Swingjugend (im Vordergrund dieser Jugendkultur stehen Musik, Tanz und Lebensfreude) stellte in der Zeit des Nationalsozialismus eine Opposition gegenüber der Hitlerjugend dar.

2.4.6. 1945 bis1960

Diese Zeitphase lässt sich als Rekonstruktionsphase betiteln. Technokratische Planungen (z.B. bei Burnham) werden bedeutend (vorherrschende Stellungen der Technik im Bereich Wirtschaft und Politik). Alltäglich in dieser Zeit sind auch "Der Kalte Krieg", Neokolonialismus (der Erwerb und Ausbau von Kolonien), Formaldemokratien und bürokratischer Sozialismus. Regressive Subkulturen umfassen neofaschistische Banden, Bandenkulturen und Kriminelle; Beispiele dafür sind die Hell`s Angels, die Pilgrims oder die Charles-Mansons-Kommune. In der kompakten Majorität nimmt der Anteil der Bauern- und Kleingewerbetreibenden stetig ab, dagegen erhöht sich die Zahl der Angestellten.

Zu den progressiven Subkulturen gehören: 1.die Jugendkultur: diese wird integriert; 2.die Unabhängige Linke: maßgebend sind hierbei utopischer Sozialismus und Marxismus, später entstehen linke SPD-Gruppen. Politische Intellektuelle, französische Existenzphilosophen, die Beat-Generation und andere Strömungen sowie Gedankengüter beeinflussen die Bevölkerung; 3.die Boheme: a) die "Alte Boheme"- nach dem 2.Weltkrieg gibt es allerhand Nachholbedarf, es entstehen neue Klubs und Studententheater. In Schriftstellerkreisen macht sich die "Literatur des Kahlschlags" breit. Die Gruppe 47 ensteht, die allerdings nicht als Subkultur angesehen wird, da sie sich an die gleichen Normen halten wie ihre übrigen Mitbürger. Sie leben ebenfalls in ärmlichen und provisorischen Verhältnissen; b) die Beat-Generation, auch Beatniks: eine Gegenkultur zur Intellektuellenschicht des New Deal entsteht. Diese Jugendbewegung fühlt sich nur dann frei und sorglos, wenn sie unterwegs sind. Ihr Ziel ist es ständig mobil und überall Zuhause zu sein. Die Beat-Generation gilt als Wegbereiter der Hippies, die nach einem zwanglosen, tabulosen Leben und freier Liebe streben. Sie versuchten die Gesellschaft ohne Aggressivität zu verändern, mit Demonstrationen und Reden (die Demonstrationen gegen den Vietnamkrieg).

2.5. Der Begriff *Norm* am Beispiel der Hell`s Angels

Normen lassen sich als allgemeine Bedingungen erklären. Sie gelten als verbindliche Regeln. Um die Zugehörigkeit zu einer Gruppe aufrecht erhalten zu können, muss sich jedes Mitglied an diese Regeln halten. Außerdem muss es bereits die nötigen Voraussetzungen mitbringen, um in einer Gruppe aufgenommen zu werden. Bei den Hell`s Angels muss jeder Biker ein eigenes Motorrad besitzen, außerdem muss er mindestens 21 Jahre alt sein. Jeder Neuling muss zudem eine Probezeit absolvieren. Mindestens einmal im Monat müssen die Mitglieder an einem Motorradrennen teilnehmen. Um ihre Gruppenzusammengehörigkeit zu zeigen, tragen die Biker verschiedene Embleme, zum Beispiel die Ziffern 666, Totenköpfe und auch Hakenkreuze.

Die Hell`s Angels wurden ca. 1948 in Fontana, Kalifornien gegründet. Sie galten und gelten zum Teil auch heute noch als Gesetzlose oder Kriminelle, obwohl sich dieses Negativ-Image im Laufe der Zeit ein wenig gewandelt hat. Es gibt mittlerweile viele Erlebnisberichte und Bücher vieler ehemaliger Mitglieder, so dass man sich vielleicht selber ein Bild darüber machen kann.

2.6. Beispiele heutiger Subkulturen

Auch in unserer heutigen Zeit lassen sich Subkulturen finden, dazu möchte ich nun einige Beispiele anbringen:

1.Gothics:

"Man trägt nach außen, wie man sich im Innern fühlt." (Motto)[11]

Diese Subkultur enstand Ende der 70er / Anfang der 80er Jahre aus dem Punk.

Gothics (oder auch Grufties) fallen dadurch auf, dass sie meist schwarze Kleidung tragen, die weiblichen Grufties tragen zudem auch noch Korsagen und Bondagen. Gothics bevorzugen eine blasse Haut im Gegensatz zu ihren vielen solariumgebräunten Mitmenschen. Sie schminken sich auch teilweise die Augen und Lippen dunkel und das Gesicht schneeweiß. Ihre Schminke ist eine Maske hinter der sie ihre inneren Gefühle verstecken. Im Leben eines Gothics spielen die

---

[11] http://www.pfenfer.net/files/subkultur.html (Gothic- Literatur)

Schattenseiten des Menschseins eine große Rolle. Sie interessieren sich für die dunklen Künste, die dunkle Literatur und den Tod. Grufties setzen sich, anders als die breite Masse, mit dem Tod auseinander. Sie wollen ihn nicht verschweigen, für sie ist er ein natürlicher Bestandteil des Lebens.

Außerdem lehnen sie sich gegen die Lebensweisen unserer heutigen "Spass- Gesellschaft" auf und ziehen sich dabei in ihre eigene Welt zurück (eine romantische Fantasiewelt)[12], in der Sie ihre Trauer und Melancholie[13] ausleben können.

"Ein Gothic zu sein heißt Rückzug und Verweigerung."[14]

Für Grufties sind Symbole von großer Bedeutung, hier sind einige Beispiele:

-Ankhs: das ägyptische Symbol für ewiges Leben

-Das "Horus Auge": ebenfalls ägyptisches Symbol

-Runen : heidnische Symbole

-Das Pentagramm: das heidnische Symbol für Feuer, Erde, Luft, Wasser, Geist

-Das Kruzifix: Christliches Symbol[15]

Für viele Anhänger dieser Subkultur ist das "Gruftie-Dasein" auch nur ein Hobby, dem sie am Wochenende nachgehen, im Alltags- und Berufsleben sehen sie ganz normal aus.

2. Die Hip Hopper

Der Hip Hop enstand in den afroamerikanischen Ghettos New Yorks (in den 70er Jahren). Er läßt sich als "Kultur der Straße" erklären. Im Laufe der Zeit entwicklete sich ein eigener Jargon. In ihrem Leben spielten. Rap, Breakdance und Graffitis eine große Bedeutung. Zu ihrem äußeren Erscheinungsbild gehör(t)en tiefsitzende Hosen, Kapuzenpullover, Basecaps oder Wollmützen sowie große Ketten mit noch gößeren Anhängern. Mittlerweile wurde der Hip Hop kommerzialisiert, es gibt ihn in den USA und auch in Deutschland. Die HipHop-Musik ist aus den Charts gar nicht mehr weg zudenken. Dennoch wird der Hip Hop wegen seiner gewaltverherrlichenden, frauenfeindlichen und sexuell- anstößigen Musiktexte kritisiert. Weitere Aspekte sind zudem die anrüchigen Musikvideos der US- Rapstars. Sie zeigen den meist jugendlichen Fans einen Lebensstil auf, in dem nur teure Autos, vollbusige Frauen, dicke Klunker", Gewalt und Drogen eine Rolle spielen.

3.Die Alternativen

Die Alternativen lassen sich nicht konkret einordnen, sie haben daher auch kein einheitliches Erscheinungsbild aufzuweisen, an dem sie erkennbar wären. Alternative haben auch keine

---

12   http://www.pfenfer.net/files/subkultur.html (Gothic- Literatur)

13   http://www.pfenfer.net/files/subkultur.html (Gothic- Literatur)
14   http://www.pfenfer.net/files/subkultur.html (Gothic- Literatur)

15   http://www.pfenfer.net/files/subkultur.html (Gothic- Literatur)

besondere Sprache. Sie hören Indepentmusik, sowie Reggae und

Elekronisches. Ihre Musik ist im Allgemeinen sehr am Rock orientiert. Sie lehnen Musikrichtungen wie Techno, Rap und Pop komplett ab. Der Eintritt erfolgt meist schon in der Jugend. Wichtig ist ihnen ihre Individualität, sie lehnen Nachahmer ab, die ihren Kleidungsstil und ihre Lebensweise (versuchen zu) kopieren. Sie lehnen den "Mainstream"[16] ab. Wenn sich die Populärkultur[17] in Richtung "Alternativ-Sein" entwickelt, dann orientieren sich auch die Alternativen neu.

J. N.

2.7. Jugend in der Subkulturtheorie

Jugend ist ein Produkt der Modernisierung. Ab den 60er-Jahren des 20. Jahrhunderts entwickelte sich Jugend als Folge der Bildungsexpansion, veränderter elterlicher Erziehungsziele, einer zunehmenden kulturellen Autonomie der Jugendlichen und dem Wirken einer jugendspezifischen Konsum- und Unterhaltungsindustrie zu einer relativ eigenständigen Lebensphase. Die jugendliche Autonomie wurde durch eine längere Freistellung vom Arbeitsleben erreicht. Den Jugendlichen werden Fähigkeiten und Kompetenzen nicht mehr von der Elterngeneration vermittelt, sondern sie erlernen es eigenständig in der Schule und der Ausbildung.[18]

Jugend stört sich an den Wertmaßstäben ihrer Eltern. Sie verbringen weniger Zeit in ihrer Familie und suchen Anschluss in "peer groups" (Gruppen von Gleichaltrigen), da diese z.B. die gleiche Weltanschauung vertreten, die gleiche Musik hören, den gleichen Kleidungsstil bevorzugen, etc. Sie drücken ihre Zusammengehörigkeit z.B. durch eigene Symbole und durch ihre Jugendsprache aus. Sie wollen ihre Persönlichkeit und ein kritisches Bewusstsein voll entwickeln, und finanzielle und emotionale Autonomie erreichen.

Rolf Schwendter geht in seinem Werk auf die „Jugendkultur-Diskussion"[19] ein.

Er sagt, dass jugendliche Subkulturen keine „Generationsrevolte"[20] seien.

Ein großer Teil der progressiven Subkulturen besteht aus Personen unter 30 Jahren. Jugendliche gehören somit zu den progressiven Subkulturen nach Schwendter. Sie sind die Widerstandsbewegung und wollen Veränderungen.

Schwendter reflektiert die Jugendkultur-Diskussion der 60er Jahre:

„Die Grundthese der Jugendkultursoziologen besagt, daß Subkulturen [...] eine Übergangserscheinung zur Erwachsenenwelt seien und über kurz oder lang in die

---

[16]   http://de.wikipedia.org/wiki/Alternative_%28Subkultur%29

[17]   http://de.wikipedia.org/wiki/Alternative_%28Subkultur%29

18   http://de.wikipedia.org/wiki/Jugend

19 Schwendter, Rolf: Theorie der Subkultur (Seite 29 und folgende)
20 Schwendter, Rolf: Theorie der Subkultur (Seite 29)

Gesellschaft integriert werden würden."[21]

Schwendter betont, dass in der Industriegesellschaft die Rolle und der Status der Jugend undefiniert seien, und somit entstehen jugendliche Subkulturen. „Es besteht aber kein grundsätzlicher Widerspruch zwischen diesen Subkulturen und der Gesamtgesellschaft.", fährt er fort.[22]

Schwendter bezieht sich hierbei auf Hollstein, der meinte, dass die Meinungsverschiedenheiten der Teilkulturen zufällig, zeitlich beschränkt und durch gesamtgesellschaftliche Sanktionen nicht als grundsätzlich oppositionell ausgewiesen seinen.[23]

Zusammengefasst heißt dies für mich, dass Jugendliche progressiver sind als Erwachsene. Sie bilden eigene Organisationsstrukturen und Normen heraus, werden früher oder später vom   Alltagsleben eingeholt und fügen sich dann doch irgendwann in die Gesellschaft ein. Sie gleichen sich aber nicht komplett an und entwickeln somit die Gesellschaft weiter, was aber auch die moderne Zeit mit sich bringt.

Manche jugendliche Subkulturen lassen sich jedoch nicht in die Gesamtgesellschaft integrieren. Sie halten ein Leben lang an ihren Lebensweisen fest, so zum Beispiel die Alternativen (Menschen mit einem stark ausgeprägten Individualitätsbedürfnis).

Im Kapitel über Erziehung kommt Schwendter auf primäre und sekundäre Sozialisationsinstanzen zu sprechen und bestätigt die Forschung von Berelson und Steiner, die meinten, dass der Gleichschritt dieser Sozialisationsinstanzen (Familie, Kindergarten, Schule, peer-groups) die Sozialisation beschleunige, und dass Widersprüche zwischen diesen Sand ins Getriebe bringen.[...]Diese Zusammenarbeit fördert eine nichtrepressive, ich-stärkende Erziehung.[24]

Es ist somit also sehr wichtig, dass Elternhaus und andere Instanzen gut zusammen arbeiten, sich besprechen und kooperieren, um eine bestmögliche Entwicklung des Kindes oder Jugendlichen gewährleisten zu können

Schwendter bezieht sich in diesem Kapitel besonders auf die Kindergärten der damaligen Zeit. Er kritisiert, dass diese eine „unterdotierte Ersatzlösung" seien, es gäbe zu wenig ausgebildete Kindergärtnerinnen, zu wenig Kindergärten und zu wenig Geld für laufende Kosten. Und er fährt seine Aufzählung fort: „40 Kinder auf eine Kindergärtnerin; Kindergarten als reine Aufbewahrungsanstalt; autoritäre Reaktionen und Maßnahmen, die zu ruhigen, ordentlichen und angepaßten Verhalten der Kinder führen; strenge Reglementierung des Tagesablaufs". Zur Unterstützung nimmt er eine psychologische

---

21 Schwendter, Rolf: Theorie der Subkultur (Seite 29)
22 Schwendter, Rolf: Theorie der Subkultur (Seite 29)
23 Schwendter, Rolf: Theorie der Subkultur (Seite 32)
24 Schwendter, Rolf: Theorie der Subkultur (Seite 219)

Untersuchung aus Hamburg, die ergab: „82% aller Äußerungen einer Kindergärtnerin sind Befehle, Ermahnungen und Zurechtweisungen; Einschränkung von Eigeninitiative, Phantasietätigkeit und konzentriertem Spiel der Kinder;[...]"[25]

Dies hört sich erschreckend an, scheint aber damals Alltag gewesen zu sein. Zum Glück sind Kindergärtnerinnen heutzutage nicht mehr so autoritär.

In seinem Nachwort bezieht sich Schwendter unter anderem auf die Geschichte der Subkulturen seit 1978. Er schreibt: „Gruppen sind gekommen und gegangen, quantitative Dimensionen haben sich verschoben [...] - und das Establishment herrscht." Und fährt fort, dass sich die Gewichte und Stellenwerte in einem oft dramatischen Ausmaße verrückt haben.[26]

Schwendter kommt aber auch auf die jugendlichen Subkulturen der 90er Jahre zu sprechen, was auch heute noch auf die Jugendsubkultur zutrifft.

Er sagt, dass Thomas Geiger richtig erkannte, dass sich die Subkulturen der Jugend hauptsächlich auf ihren Stil und ihren Geschmack von Musik zurück zu führen lassen. Da gibt es Heavy Metal, Rap, Hip-Hop, Techno, aber auch alles, was vorher schon existierte. Rocker, zum Beispiel, legen nach wie vor großen Wert auf eine Mitgliedschaft im Motoradclub.[27]

In einem Interview mit Eugenie Kain (1996)[28] wurde Rolf Schwendter gefragt, welche subkulturellen Entwicklungen sich für ihn zu der damaligen Zeit abzeichnen würden.

Schwendter meinte, dass sich dies schlecht voraus sagen ließe, aber formulierte trotzdem eine vorsichtige Prognose: „Ich würde es für nicht unwahrscheinlich halten, daß es Subkulturen geben wird, die sich gegen die allumfassende Computerisierung wenden, entweder mit den Strategien der Hacker, es können sich aber auch Bürgerinitiativen gegen Computerschäden entwickeln. Auch Subkulturen und soziale Bewegungen gegen die Gentechnologien werden eine gewissen Zukunft haben." Damit hatte Schwendter nicht gerade Unrecht. In der Tat gibt es heute viele Menschen, die gegen technologische Fortschritte sind. Beim meinen Forschungen im Internet bin ich z.B. auf das „Barnimer Aktionsbündnis gegen Gentechnik" gestoßen. Das ist eine kleine, lokale Gruppe in Bernau (Landkreis Barnim, nördöstlich von Berlin), die Gentechnik ablehnt und ihren Schwerpunkt auf praktische Aktionen legt.

In diesem Interview sagte Schwendter auch richtig, dass es ihn nicht wundern

---

25 Schwendter, Rolf: Theorie der Subkultur (Seite 219 und 220)
26 Schwendter, Rolf: Theorie der Subkultur (Seite 426)
27 Schwendter, Rolf: Theorie der Subkultur (Seite 429)
28   Kain, Eugenie: Tag für Tag – Die Boheme und der Hofer
http://www.servus.at/hillinger/1996/1196/tag.html

würde, wenn diverse Sparpakete, vermehrte Unterdrückung von Studierenden und ständige Ausweitung der Erwerbslosigkeit zu Bewegungen und Diskussionen in der Politik führen würden. Heute und auch in den letzten Jahren waren dies immer wieder die Hauptthemen nicht nur in der Politik. In einigen Bundesländern wurden Studiengebühren eingeführt und es gab immer wieder Kürzungen der Gelder in den Universitäten, was viele Studenten zu Protesten veranlasste. Auch die steigenden Arbeitslosenzahlen sind Hauptthema im Bundestag und werden es auch in Zukunft bleiben.

Julia Diedrich

3. Schluss

Rolf Schwendter ist ein hoch intellektueller Mann, was aus seinem Werk „Theorie der Subkultur" gut hervor geht. Er benutzt viele Fach- und eingedeutschte Fremdwörter, was allerdings für uns teilweise nicht einfach zu bewältigen war. Wir finden, dass Herr Schwendter eine spezielle Zielgruppe mit seinem Buch anspricht und eine pädagogische Fachausbildung notwendig ist, um seine Texte auf Anhieb zu verstehen. Am Beginn unseres pädagogischen Studiums ist „Theorie der Subkultur" ziemlich schwere Literatur.

Er bezieht sich auf viele andere Wissenschaftler und dessen Theorien. In einer Mitschrift von einem Vortrag, den er gehalten hat („Von der Theorie der Subkultur zur Theorie der Vernetzung")[29], bestätigt er das:

> „Ich nahm also eine Fülle von Quellen, von Handbüchern mehrerer Wissenschaften bis hin zu Liedertexten und persönlichen Mitteilungen, und kristallisierte aus diesen eine Reihe von zentralen Begriffen heraus: 'Norm', 'Leistung', 'Anpassung', 'Abweichung', 'Institution', 'Bedürfnis' [...]."[30]

In seinem Werk gibt er eine kritische Rezeption von K. Davis, T. Parsons und R. Merton, die als methodologische Funktion für die „Theorie der Subkultur" dienten. Dies bestätigt er in dem Vortrag:

> „Rund 100 Seiten lang rezipierte ich die Aussagen dieser (und vergleichbarer) Theoriebildungen - um sie anschließend im Sinne von Herbert Marcuse in ihr teilweises Gegenteil umzudrehen."[31]

In diesem Vortrag sagt er auch, dass es selbst für ihn nicht einfach ist, die methodischen Grundlagen der Theorie der Subkultur herauszufiltern.

Weiterhin möchten wir eine kurze Kritik anbringen: Schwendter versucht zwar auf alle Subkulturen

---

29   Schwendter, Rolf: Von der Theorie der Subkultur zur Theorie der Vernetzung
http://www.coforum.de/?156 (Version 9 vom 16.11.2002)
30   Schwendter, Rolf: Von der Theorie der Subkultur zur Theorie der Vernetzung (Absatz 4, Zeile 6 und 7)
31   Schwendter, Rolf: Von der Theorie der Subkultur zur Theorie der Vernetzung (Absatz 3, Zeile 6 und 7)

einzugehen, dies gelingt ihm aber oft nur exemplarisch. Die unfreiwilligen Subkulturen, z.B., werden zu kurz abgehandelt.

Außerdem spricht Herr Schwendter nicht explizit von der Jugend als Subkultur, sondern bezieht sich nur vereinzelt auf diese Thematik.

J. N. und Julia Diedrich

4. Anhang:

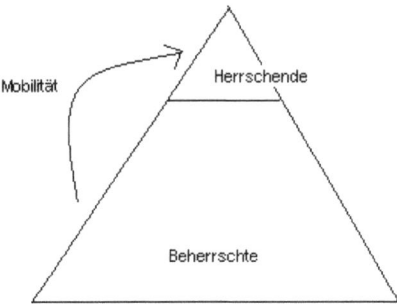

Abb.1: Schichtenmodell nach Kingsley Davis[32]

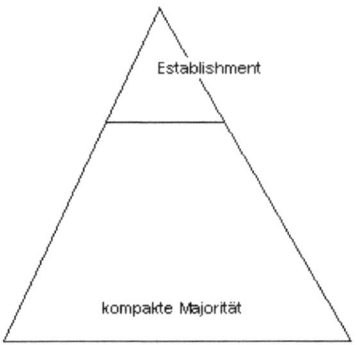

Abb.2: einfaches Schichtenmodell nach Rolf Schwendter[33]

---

32 Schwendter, Rolf: Theorie der Subkultur (Seite 33)
33 Schwendter, Rolf: Theorie der Subkultur (Seite 36)

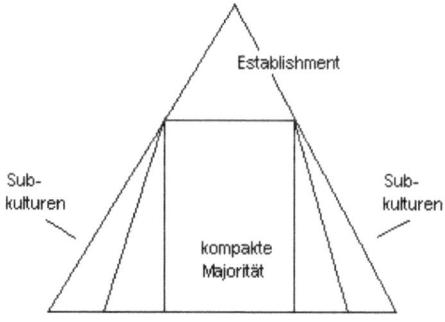

Abb.3: Platzierung der Subkulturen nach Schwendter[34]

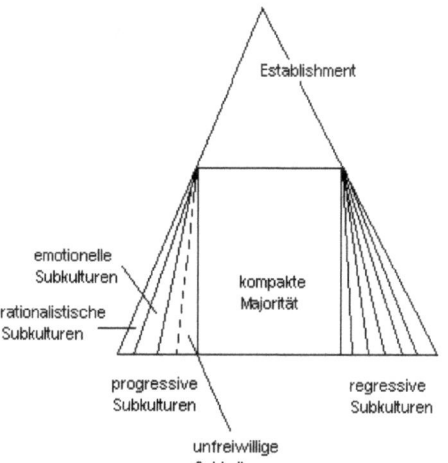

Abb.4: Einteilung der Subkulturen nach Schwendter[35]

---

34 Schwendter, Rolf: Theorie der Subkultur (Seite 36)
35 Schwendter, Rolf: Theorie der Subkultur (Mix aus Seite 40 und 42)

Schichtmodelle nach Rolf Schwendter

Phase 1: 1800 bis 1848
1.beginnende Arbeiterbewegung
2.Jungdeutsche, Burschenschaften
3.Utopische Sozialisten
4.Boheme
5.Feudalismus mit beginnendem
Großbürgertum
6.Kompakte Majorität
7.monarchistische Emigranten
8.Salons

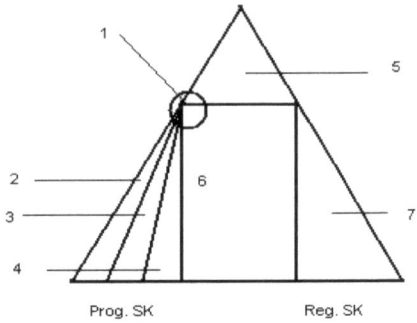

Phase 2: 1848 bis 1871
1.Salons
2.erste Arbeiternationale
3.Banden, Anarchisten
4.Boheme
5.Feudalismus, Großbürgertum
6.Kompakte Majorität
7.Regressive Subkulturen

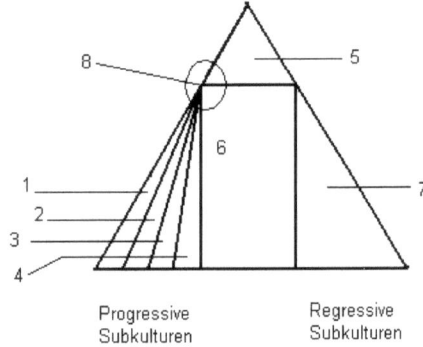

Phase 3: 1871 bis 1914
1.Arbeiterbewegung
2.Boheme
3.Anarchisten
4.Feudalismus, Großbougeoisie
5.Jugendbewegung
6.Kompakte Majorität
7.regressive Boheme

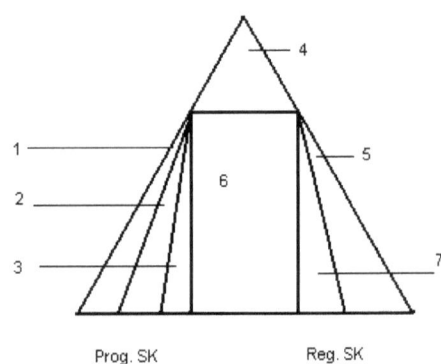

Phase 4: 1918 bis 1933
1.KP
2.DSPD, SAP
3.Boheme
4.Bourgeoisie
5.faschistische Subkulturen
6.kompakte Majorität

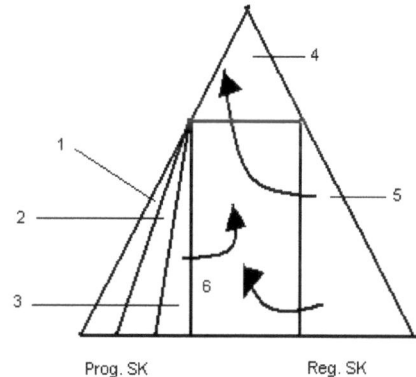

Phase5: 1933 bis 1945
1.Emigranten, Spanienkämpfer
2.Volksfronten
3.restliche Boheme
4.Bourgeoisie, Machtapparat
5.Kompakte Majorität

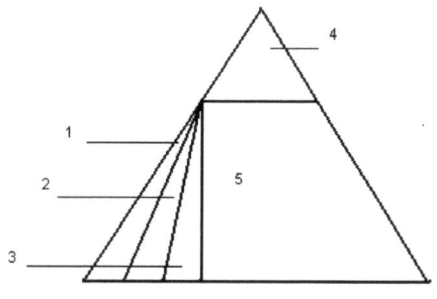

Phase 6: 1945 bis 1960
1.Jugendkultur
2.Unabhängige Linke
3.Boheme
4.Establishment
5.regressive Subkulturen
6.Kompakte Majorität

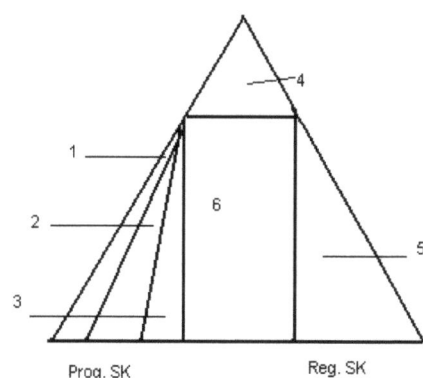

3. Literaturverzeichnis

Primärliteratur:

    Schwendter, Rolf: Theorie der Subkultur. 4.Auflage mit einem Nachwort. Hamburg: Europäische Verlagsanstalt, 1993 (eva-Taschenbuch Verlag; ISBN 3-434-46210-4)

Sekundärliteratur:

    Baacke, Dieter: Jugend und Jugendkulturen: Darstellung und Deutung. 2.Auflage. Weinheim: Juventa-Verlag, 1987 (ISBN 3-7799-0405-5)

    Schwendter, Rolf: Von der Theorie der Subkultur zur Theorie der Vernetzung
    http://www.coforum.de/?156   (Version 9 vom 16.11.2002)

    Kain, Eugenie: Tag für Tag – Die Boheme und der Hofer
    http://www.servus.at/hillinger/1996/1196/tag.html

Internet:

    http://wulv.uni-greifswald.de/2005_ar_DaSein/?n=3_0
    http://www.kfunigraz.ac.at/sozwww/agsoe/lexikon/klassiker/davis/10bio.html
    http://www.dosto.de/gengruppe
    http://de.wikipedia.org/wiki/Jugend
    http://www.pfenfer.net/files/subkultur.html (Gothic- Literatur)
    http://en.wikipedia.org/wiki/Hells_Angels
    http://de.wikipedia.org/wiki/Alternative_%28Subkultur%29
    http://de.wikipedia.org/wiki/Hip_Hop_%28Subkultur%29

Für die Biografie:

    http://de.wikipedia.org/wiki/Rolf_Schwendter
    http://www.mediashop.at/028austr/208schwendtsubkwien.html
    http://www.nadir.org/nadir/archiv/ PolitischeStroemungen/utopie/
    http://www.literaturhaus.at/autoren/ F/fried/gesellschaft/mitglieder/schwendter/
    http://www.aeiou.at/aeiou.encyclop.s/s469200.html
    http://www.univie.ac.at/film/rezensionen/schwendter.html
    https://ub-bib3.ub.uni-greifswald.de/DB=1/LNG=DU/CMD?ACT=SRCHA&IKT=
        1016&SRT=YOP&TRM=rolf+schwendter